14 Fabeln von La Fontaine

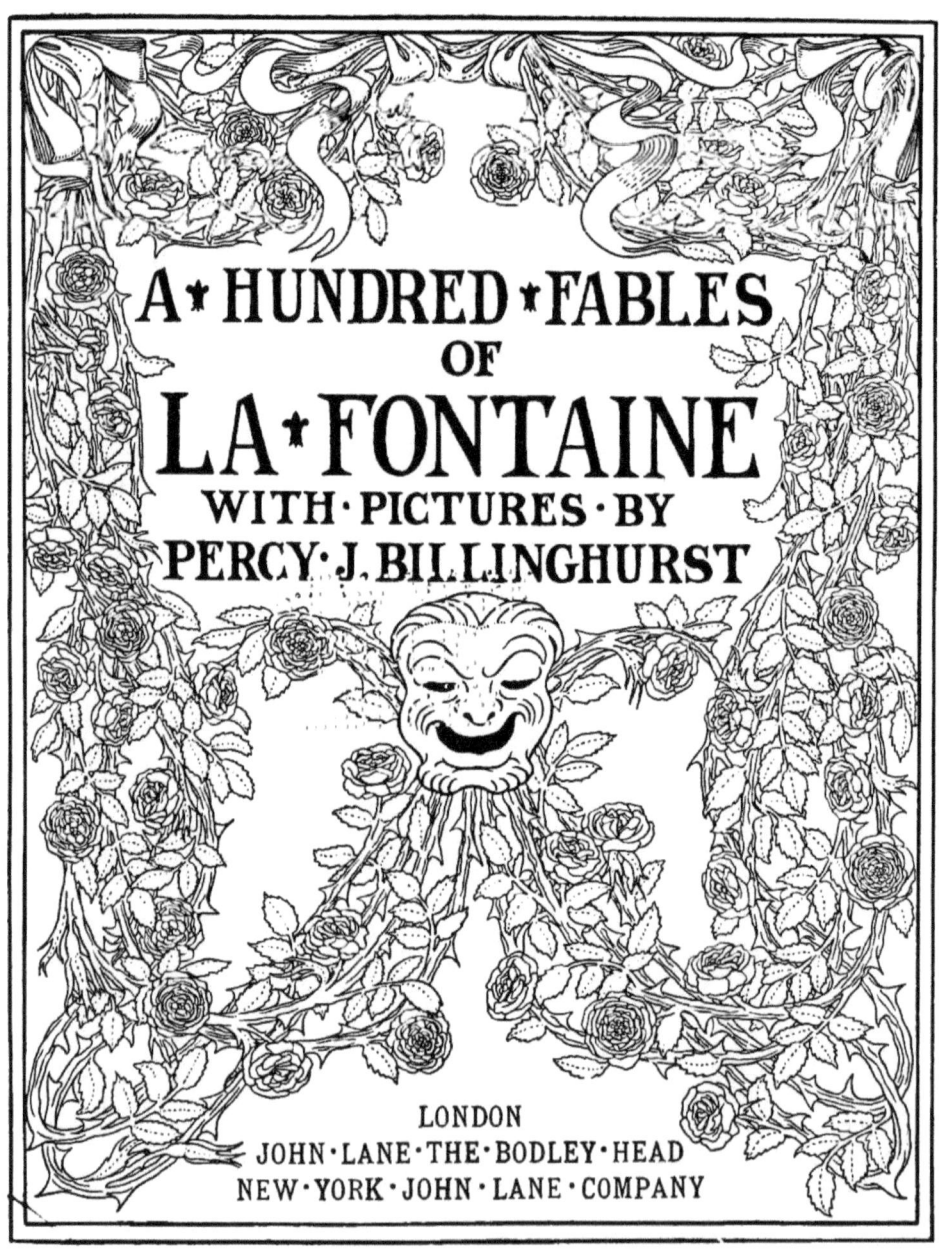

A * HUNDRED * FABLES

OF

LA * FONTAINE

WITH · PICTURES · BY
PERCY · J. BILLINGHURST

LONDON
JOHN · LANE · THE · BODLEY · HEAD
NEW · YORK · JOHN · LANE · COMPANY

Innentitel der von Billinghurst illustrierten Ausgabe von 1900

14 Fabeln von La Fontaine

Mit Bildern von
Percy J. Billinghurst et al.

Alfa-Veda

Titel des französischen Originals:
Les Fables choisies, mises en vers
par M. de La Fontaine
Ausgewählte Fabeln, in Verse gesetzt
von Herrn de La Fontaine,
erschienen bei Thierry, Barbin, Paris
zwischen 1668 und 1694.

Freie Nacherzählung in Prosa auf Deutsch

Umschlagentwurf mit einem Bild von Percy J. Billinghurst
nach der illustrierten Ausgabe, London, 1900
Ölbild Jean de La Fontaine von Hyacinthe Rigaud

Gesetzt in Janni-Font von Jan Müller
Druck: Books on Demand GmbH, Norderstedt

Alfa-Veda Verlag, Oebisfelde, 2022
alfa-veda.com
ISBN 9783945004883

Inhaltsverzeichnis

Das Schwein, die Ziege und der Hammel

Eine Ziege, ein Hammel und ein fettgemästetes Schwein wurden gemeinsam auf einem Karren zum Markt gefahren. Die Ziege reckte ihren Hals und schaute neugierig in die Landschaft. Der Hammel hing seinen Gedanken nach. Nur das Schwein war aufsässig und fand gar keine Freude an diesem Ausflug.

Es schrie so entsetzlich, dass es sogar dem gutmütigen Hammel zu viel wurde. »Warum machst du denn so einen Lärm? Man kann dabei ja keinen vernünftigen Gedanken fassen.«

Auch die Ziege schimpfte mit dem Schwein und meckerte: »Hör endlich auf mit dem albernen Gezeter und benimm dich anständig. Schau dir die herrlichen, saftigen Wiesen an und sei dankbar dafür, dass du gefahren wirst und nicht zu Fuß gehen musst.«

»Törichte Ziege, dummer Hammel«, schnäuzte das Schwein, »ihr haltet euch wohl für sehr klug und gebildet, dass ihr mir Vorschriften machen wollt. Glaubt ihr denn, dass der Bauer uns allein zu unserem Vergnügen herumkutschiert? Hättet ihr nur ein Fünkchen Verstand, dann wüsstet ihr, auf welchem Weg wir uns befinden.

Bestimmt denkt die leichtsinnige Ziege, man will auf dem Markt nur ihre Milch verkaufen. Du, törichter Hammel, glaubst vielleicht, dass man es einzig auf deine Wolle abgesehen hat. Ich aber für meinen Teil weiß es ganz genau, dass man mich mit dem vielen guten Essen ausschließlich zu dem Zweck vollgestopft hat, weil man mich töten und verspeisen will. Darum lasst mich um Hilfe schreien, solange ich es noch kann!«

Das Schwein, die Ziege und der Hammel

»Wenn du schon so verständig bist«, rief die Ziege zornig, weil das Schwein sie beunruhigt und ihr die schöne Fahrt verdorben hatte, »dann höre auch auf zu jammern! Du weißt, dein Unheil steht fest, was hilft also noch das Weinen und Klagen, wenn du doch nichts mehr ändern kannst?«

Der Hahn und der Fuchs

in Hahn saß auf einem hohen Gartenzaun und kündete mit lautem Krähen den neuen Tag an. Ein Fuchs schlich um den Zaun herum und blickte verlangend zu dem fetten Hahn empor.

»Einen schönen guten Morgen«, grüßte der Fuchs freundlich, »welch ein herrlicher Tag ist heute!«

Der Hahn erschrak, als er seinen Todfeind erblickte, und klammerte sich ängstlich fest.

»Brüderchen, warum bist du böse mit mir? Lass uns doch endlich Frieden schließen und unseren Streit begraben.« Der Hahn schwieg noch immer. »Weißt du denn nicht«, säuselte der Fuchs mit sanfter Stimme, »dass der König der Tiere den Frieden ausgerufen hat? Er hat mich als seinen Boten ins Land geschickt. Komm schnell zu mir herunter, wir wollen unsere Versöhnung mit einem Bruderkuss besiegeln. Aber beeile dich, ich habe noch vielen anderen diese freudige Nachricht zu bringen.«

Der Hahn schluckte seine Furcht hinunter und sagte sich: »Diesem verlogenen Gauner komme ich nur mit seinen eigenen Waffen bei.« Und mit gespielter Freude rief er: »Mein lieber Freund, ich bin tief gerührt, dass auch du des Königs Friedensbotschaft verbreitest. Ja, lass uns Frieden schließen. Es trifft sich gut, denn gerade sehe ich zwei andere Boten auf uns zueilen. Wir wollen auf sie warten und gemeinsam das glückliche Fest feiern. Du kennst sie recht gut, es sind die Wachhunde des Gutsherrn.«

Kaum hatte der Fuchs diese Kunde vernommen, war er aufgesprungen und eiligst davongerannt.

»He, warte doch!« krähte der Hahn hinter ihm her.

»Ich habe noch sehr viel zu tun«, keuchte der Fuchs aus der Ferne, »ich hole mir den Friedenskuss ein andermal von dir. Du kannst dich darauf verlassen.«

Der Hahn freute sich, dass ihm die List gelungen war.

Der Fuchs aber war verärgert. Er hatte alles so klug einge-fädelt, und just in diesem Augenblick mussten seine ärgsten Feinde auftauchen und alles verderben.

Aber wo blieben sie denn?

Der Fuchs verlangsamte seine Schritte und blickte sich um. Niemand folgte ihm, auch hatte er kein Bellen gehört. Sollte dieser alte Hahn ihn reingelegt haben? Ausgerechnet so ein aufgeplusterter, dummer Hahn?

Der Hahn und der Fuchs

Der Fuchs und der Rabe

in Rabe saß auf einem Baum und hielt im Schnabel einen Käse; den wollte er verzehren. Da kam ein Fuchs daher, der vom Geruch des Käses angelockt war.

»Ah, guten Tag, Herr von Rabe!« rief der Fuchs. »Wie wunderbar Sie aussehen! Wenn Ihr Gesang ebenso schön ist wie Ihr Gefieder, dann sind Sie der Schönste von allen hier im Walde!«

Das schmeichelte dem Raben, und das Herz schlug ihm vor Freude höher. Um nun auch seine schöne Stimme zu zeigen, machte er den Schnabel weit auf – da fiel der Käse hinunter.

Der Fuchs schnappte ihn auf und sagte: »Mein guter Mann, nun haben Sie es selbst erfahren: Ein Schmeichler lebt auf Kosten dessen, der ihn anhört. Diese Lehre ist mit einem Käse wohl nicht zu teuer bezahlt.«

Der Rabe, bestürzt und beschämt, schwor sich zwar, dass man ihn so nicht wieder anführen sollte – aber es war jetzt ein bisschen zu spät.

Der Fuchs und der Rabe

Der Fuchs und der Storch

Eines Tages hatte der Fuchs den Storch zum Mittagessen eingeladen. Es gab nur eine Suppe, die der Fuchs seinem Gast auf einem Teller vorsetzte. Von dem flachen Teller aber konnte der Storch mit seinem langen Schnabel nichts aufnehmen. Der listige Fuchs indessen schlapperte alles in einem Augenblick weg.

Der Storch sann auf Rache. Nach einiger Zeit lud er seinerseits den Fuchs zum Essen ein. Der immer hungrige Fuchs sagte freudig zu. Gierig stellte er sich zur abgemachten Stunde ein. Lieblich stieg ihm der Duft des Bratens in die Nase. Der Storch hatte das Fleisch aber in kleine Stücke geschnitten und brachte es auf den Tisch in einem Gefäß mit langem Halse und enger Öffnung. Er selbst konnte mit seinem Schnabel leicht hineinlangen. Aber die Schnauze des Fuchses passte nicht hinein. Er musste hungrig wieder abziehen. Beschämt, mit eingezogenem Schwanz und hängenden Ohren schlich er nach Hause.

Wer betrügt, muss sich auf Strafe gefasst machen.

Der Fuchs und der Storch

Der Fuchs im Brunnen

Es war eine klare Vollmondnacht. Ein Fuchs strolchte durchs Dorf und kam zu einem Ziehbrunnen. Als er hinunterblickte, traute er seinen Augen nicht; da lag ein großer, runder goldgelber Käse. Er kniff die Augen zu und öffnete sie wieder. Nein, es war kein Traum. Der Fuchs besann sich nicht lange, sprang in den Eimer, der über dem Brunnenrand schwebte, und abwärts ging die Fahrt. Ein zweiter Eimer schaukelte aus der Tiefe empor, an ihm vorbei.

Unten angekommen, wollte der hungrige Fuchs sich sofort auf den fetten Käse stürzen. Aber was war denn das? Seine Nase stieß in eiskaltes Wasser, der Käse verformte sich und verschwand. Verblüfft starrte der Fuchs ins Dunkel, und langsam kehrte der Käse unversehrt zurück. jetzt begriff er seinen Irrtum. Wie konnte er nur so schwachköpfig handeln! Nun saß er in der Patsche. Er schaute zum Brunnen hinauf. Niemand war da, der ihn aus dem Schlamassel befreien konnte. Nur der Vollmond lächelte ihm hell und freundlich zu.

Viele Stunden saß der Fuchs in dem kühlen, feuchten Eimer gefangen und schlotterte vor Kälte und Hunger. Da kam ein Wolf an dem Brunnen vorbei. Der Fuchs dachte: »Warum sollte dieser Nimmersatt klüger sein als ich?« Und mit fröhlicher Stimme rief er ihm zu: »Schau, mein Freund, welch herrlichen Käseschmaus ich gefunden habe. Wenn du mein Versteck nicht verrätst, so darfst du zu mir herunterkommen und dir auch ein gutes Stück von meinem Käse abbrechen. Den Eimer dort oben habe ich für dich bereitgehalten, mit ihm kannst du zu mir herunterfahren.«

Der Wolf, der nie über Mangel an Hunger klagen konnte, leckte sich die Lippen, und seine Augen traten hervor.

Der Käse, den der Fuchs entdeckt hatte, sah wirklich appetitlich aus. Ohne zu überlegen kletterte er in den Eimer, und da er viel schwerer als der Fuchs war, sauste er hinab in die Tiefe und zog den Eimer mit dem Fuchs hinauf.

Der Fuchs rettete sich sofort auf sicheren Boden und lachte sich eins ins Fäustchen. »Wohl bekomm's!« rief er spöttisch und eilte davon.

Der Fuchs im Brunnen

Der Fuchs und der Ziegenbock

eister Reineke ging an einem heißen Sommertag mit seinem Freund, dem Ziegenbock, spazieren. Sie kamen an einem Brunnen vorbei, der nicht sehr tief war. Der muntere Bock kletterte sofort auf den Brunnenrand, blickte neugierig hinunter und sprang, ohne zu zögern, in das kühle Nass.

Der Fuchs hörte ihn herumplatschen und genüsslich schlurfen. Da er selber sehr durstig war, folgte er dem Ziegenbock und trank sich satt. Dann sagte er zu seinem Freund: »Der Trunk war erquickend, ich fühle mich wie neugeboren. Doch nun rate mir, wie kommen wir aus diesem feuchten Gefängnis wieder heraus?«

»Dir wird schon etwas einfallen«, blökte der Bock zuversichtlich und rieb seine Hörner an der Brunnenwand. Das brachte den Fuchs auf eine Idee. »Stell dich auf deine Hinterbeine, und stemme deine Vorderhufe fest gegen die Mauer«, forderte er den Ziegenbock auf, »ich werde versuchen, über deinen Rücken hinaufzugelangen.«

»Du bist wirklich schlau«, staunte der ahnungslose Bock, »das wäre mir niemals eingefallen.«

Er kletterte mit seinen Vorderfüßen die Brunnenwand empor, streckte seinen Körper, so gut er konnte, und erreichte so fast den Rand des Brunnens.

»Kopf runter!« rief der Fuchs ihm zu, und schwupps war er auch schon über den Rücken des Ziegenbocks ins Freie gelangt. »Bravo, Rotschwanz!« lobte der Bock seinen Freund, »du bist nicht nur gescheit, sondern auch verteufelt geschickt.«

Doch plötzlich stutzte der Ziegenbock. »Und wie ziehst du mich nun heraus?«

Der Fuchs und der Ziegenbock

Der Fuchs kicherte. »Hättest du nur halb soviel Verstand wie Haare in deinem Bart, du wärest nicht in den Brunnen gesprungen, ohne vorher zu bedenken, wie du wieder herauskommst. Jetzt hast du sicher Zeit genug dazu. Lebe wohl! Ich kann dir leider keine Gesellschaft leisten, denn auf mich warten wichtige Geschäfte.«

Der Hase mit den Hörnern

Ein Häschen tummelte sich ausgelassen an einem wunderschönen Sommermorgen auf einem freien Plätzchen, das von dichtem Buschwerk umgeben war. Hier fühlte es sich sicher. Vergnügt hopste es über ein paar Heidebüschel, sauste übermütig im Kreis umher und wälzte sich mit Wohlbehagen im sonnengewärmten Sand. Es zersprang fast vor Lebenslust und wusste vor Glück nicht wohin mit seinen Kräften. Aber plötzlich duckte es sich blitzartig in einer kleinen Erdmulde nieder. Ein Hirsch setzte über die Büsche hinweg, und gleich darauf folgte ein Widder. Danach trampelte auch noch ein schwerer Stier respektlos quer durch das sonnige Morgenreich des kleinen Häschens.

»Unverschämte Bande«, kreischte das Häschen, »mir meinen schönen Morgen so zu verderben!« Kaum hatte es sich wieder aufgerappelt, sprang eine Ziege über die Sträucher. »Halt«, schrie das Häschen, »was soll das bedeuten, wo lauft ihr denn alle hin?«

Die Ziege, die immer zu einem Streich aufgelegt war, schaute lange und ernst auf die Ohren des Häschens, dann meckerte sie munter: »Hast du denn noch nicht von dem neuen Gesetz des Königs gehört? Ein kühner Bruder von mir stieß zufällig den Löwen mit seinen prächtig geschwungenen Hörnern in die Seite. Doch der König verstand keinen Spaß und befahl, dass alle Tiere, die Hörner tragen, sein Land verlassen müssten. Wer heute Abend noch hier verweilt, wird mit dem Tode bestraft. Ich muss mich beeilen. Lebe wohl, Meister Langohr.«

»Sonderbar«, dachte das Häschen, das nicht so schlau war wie sein Großvater, »der Löwe treibt seine Beute aus dem Land? Höchst sonderbar.«

Auf einmal fuhr das Häschen zusammen. jetzt wusste es, warum die Ziege es so seltsam angegafft hatte. Natürlich, das war es. Im Sand erblickte das Häschen die Schatten seiner Ohren. Sie erschienen ihm riesengroß, und es befürchtete, dass der König seine Ohren für Hörner halten könnte.

»Was mach' ich nur, was mach' ich nur?« wiederholte der Hasenfuß und zitterte wie Gras im Wind. »Hier bin ich geboren, hier bin ich aufgewachsen, hier kenne ich jeden Grashalm. Ich mag nicht auswandern. Ach, wären meine Ohren so klein wie die einer Maus.«

Eine Grille hatte die Worte der Ziege vernommen, und als sie nun das dumme Häschen so jammern hörte, lachte sie. »Du dummer Angsthase, die Ziege hat dir nur Hörner aufsetzen wollen. Was du wirklich an deinem Kopf hast, sind ganz gewöhnliche Ohren.«

»Hier aber hält man sie für Hörner«, gab das Häschen traurig zur Antwort. »Was hilft es mir, dass ich, du und der liebe Gott wissen, dass es Ohren sind, wenn es der Löwe nicht glaubt.« Und ängstlich lief das Häschen in ein anderes Land.

Der Hase mit den Hörnern

Der Hase und die Frösche

in Hase saß in seinem Lager und grübelte. »Wer furchtsam ist«, dachte er, »ist eigentlich unglücklich dran! Nichts kann er in Frieden genießen, niemals hat er ein ungestörtes Vergnügen, immer gibt es neue Aufregung für ihn. Ich schlafe vor Angst schon mit offenen Augen. Das muss anders werden, sagt mir der Verstand. Aber wie?«

So überlegte er. Dabei war er aber immerwährend auf der Hut, denn er war nun einmal misstrauisch und ängstlich. Ein Geräusch, ein Schatten, ein Nichts – alles erschreckte ihn schon.

Plötzlich hörte er ein leichtes Säuseln. Sofort sprang er auf und rannte davon. Er hetzte bis an das Ufer eines Teiches. Da sprangen die aufgescheuchten Frösche alle ins Wasser.

»Oh«, sagte der Hase, »sie fürchten sich vor mir! Da gibt es also Tiere, die vor mir, dem Hasen, zittern! Was bin ich für ein Held!«

Da kann einer noch so feige sein, er findet immer einen, der ein noch größerer Feigling is.

Der Hase und die Frösche

Der Löwe und die Maus

erade zwischen den Tatzen eines Löwen kam eine leichtsinnige Maus aus der Erde. Der König der Tiere aber zeigte sich wahrhaft königlich und schenkte ihr das Leben.

Diese Güte wurde später von der Maus belohnt – so unwahrscheinlich es zunächst klingt. Eines Tages fing sich der Löwe in einem Netz, das als Falle aufgestellt war. Er brüllte schrecklich in seinem Zorn – aber das Netz hielt ihn fest.

Da kam die Maus herbeigelaufen und zernagte einige Maschen, so dass sich das ganze Netz auseinanderzog und der Löwe frei davongehen konnte.

Der Löwe und die Maus

Die Ratte und die Katze

Eine Ratte lebte unter einer hohen, mächtigen Fichte, deren Astwerk bis auf den Boden hinunter wucherte. Ganz in der Nähe hausten eine Eule, ein Wiesel und eine Katze und machten der Ratte das Leben schwer.

Obgleich sie von so vielen Feinden umgeben war, konnte sie sich nicht entschließen, ihre Wohnung zu verlassen; denn die alte Fichte ernährte sie ausreichend mit ihrem Samen, der im Frühjahr auf den Boden fiel. Auch warf der Sturm oft reife Zapfen zu ihr herunter, die sich noch nicht geöffnet hatten, und die emsige Ratte schleppte diese hochbeglückt in ihr Nest und sammelte so reichlich Vorrat für das ganze Jahr.

Eines Morgens hörte die Ratte ein herzzerreißendes Miauen. Sie lächelte schadenfroh: »Einem meiner Plagegeister scheint es an den Kragen zu gehen.«

Das Miauen wurde immer jämmerlicher, und die Ratte blinzelte neugierig aus ihrem Loch. Aber sie konnte nichts sehen. Vorsichtig tapste sie in die Richtung, aus der das Klagen kam. Da entdeckte sie die Katze, die sie schon so oft in Angst und Schrecken versetzt hatte. Sie war in eine Falle geraten. »Das geschieht dir recht!« rief die Ratte ihrer Feindin zu.

Die Katze aber schlug ihre sanftesten Schmeicheltöne an und schnurrte: »Liebe Freundin, deine Güte und Liebenswürdigkeit ist überall bekannt. Ich habe dich vor allen anderen Tieren dieser Gegend verehrt und geliebt. Jetzt, da ich dich sehe, muss ich sagen, es reut mich keinen Augenblick, dass ich dich stets behütet und beschützt habe. Nun kannst du mir dafür deinen Dank erweisen und mir aus diesem teuflischen Netz heraushelfen. Irgendein Taugenichts muss hier gestern dieses Netz ausgelegt haben.«

Die Ratte und die Katze

»Ich dich retten?« fragte die Ratte belustigt, die keineswegs von den süßlichen Worten ihrer Todfeindin beeindruckt war. »Was bietest du mir denn zur Belohnung an?«

»Meine ewige Treue und unbedingte Hilfe gegen alle deine Feinde«, antwortete die Katze.

Die Ratte entgegnete: »Gegen alle anderen Feinde, das mag wohl sein, aber wer schützt mich vor dir?«

»Ich schwöre es dir bei meinen scharfen Krallen«, beteuerte die Katze.

Die Ratte wollte spottend in ihr Loch zurückkehren, da versperrte ihr das kurzschwänzige Wiesel den Weg und funkelte sie wild an. Gleich darauf rauschte fast lautlos der Waldkauz herbei.

In ihrer Bedrängnis überlegte die Ratte nicht lange, flitzte zur Katze und zerbiss eilig das Netz.

Das Wiesel lief herausfordernd auf die Katze zu, um ihr die Beute abzujagen. Flugs sprang die Ratte hinter ihre neu verbündete Freundin.

Doch sofort streckte der Waldkauz seine Krallen nach der Ratte aus.

Da drang ein wütendes Bellen zu den Streitenden herüber. Wiesel, Waldkauz, Katze und Ratte flohen in verschiedene Richtungen.

Ein Jäger war mit seinen Hunden unterwegs, um die Fallen, die er aufgestellt hatte, zu kontrollieren.

Einige Tage später lugte die Ratte aus ihrem Loch, um zu erkunden, ob der Weg frei sei, da sprang die Katze auf sie zu. Schnell fuhr die Ratte zurück.

»Warum fliehst du vor mir, liebe Freundin, als wäre ich dein Feind?« fragte die Katze scheinheilig. »Ich verdanke dir doch mein Leben und bin dein bester Freund. Komm, lass dich zum Dank für deine Hilfe küssen.«

»Ich pfeife auf deinen Dank, du Heuchlerin. Glaubst du, ich wüsste nicht, dass ich nur dem Hund mein Leben verdanke, der euch alle in die Flucht geschlagen hat? Du kannst deine Natur nicht verleugnen, auch nicht mit einem noch so heiligen Freundschaftseid, zu dem dich allein die Not gezwungen hat. Du bist und bleibst eine mörderische Katze.«

Und mit diesen Worten zog sich die Ratte tief in ihr Loch zurück.

Die alte Ratte und der Kater

in Mäusevölkchen hatte sich in einer Mühle angesiedelt und führte ein vergnügtes Leben. Gleich neben der Mühle hinter dem Wasserrad hausten ein paar Ratten, die hin und wieder in der Mühle auftauchten, um einige Körner zu stibitzen.

Eines Tages mietete sich ungebeten ein wilder Kater bei dem grauen Trippelvölkchen ein und wütete so mörderisch unter diesem, dass sich bald keine einzige Maus und Ratte mehr aus ihrem Loch heraustraute.

Da griff der böse Jäger zu einer List. Er band sich ein Seil um seine eine Hinterpfote und krallte sich mit dieser an einem Sack, der an der Wand hing, fest. So baumelte er mit dem Kopf nach unten und stellte sich tot.

Alle Mäuse glaubten, dass der Müller den Bösewicht beim Stehlen von Käse und Fleisch ertappt und zur Strafe aufgehängt hatte. Erfreut schossen sie aus ihren kleinen Verstecken hervor und fielen ausgehungert über das frische Korn her.

Auf einmal löste der Kater seine Krallen aus dem Sack und stürzte sich auf die ahnungslosen kleinen Fresser. Nur wenige von ihnen konnten sich rechtzeitig in ihre Schlupflöcher retten. »Auch euch erwische ich noch!« zischte er grimmig.

Die Mäuse und Ratten, die den hinterhältigen Überfall überlebt hatten, waren vorsichtiger geworden, und der Kater lauerte vergeblich auf seine Beute.

Eines Abends war der fürchterliche Räuber verschwunden. Er tauchte auch am folgenden Tag nicht wieder auf. Dafür lag am Morgen darauf mitten in der Mühle ein dicker Mehlsack. Das Mehl war herausgerieselt, und ein hoher weißer Haufen breitete sich vor dem Sack aus.

Die alte Ratte und der Kater

Die Mäuse und Ratten schoben zaghaft ihre Nasen aus den Gängen hervor, schnupperten neugierig und zogen sich dann wieder ängstlich zurück. Doch schließlich waren sie davon überzeugt, dass der schreckliche Kater endlich ihr Reich wieder verlassen hatte. Sie wurden mutiger und trippelten vorsichtig auf den großen weißen Haufen zu.

Eine alte, erfahrene Ratte warnte sie: »Geht nicht dorthin. Seit wann streut der Müller euch freiwillig sein Mehl vor die Nase? Hinter diesem Mehlhügel steckt gewiss irgendeine List.«

Die anderen aber entgegneten ihr: »Seit zwei Nächten hat den Kater niemand mehr gesehen. Bestimmt hat er den hoffnungslosen Kampf mit uns aufgegeben und ist ausgewandert. Wir sind ihm zu klug geworden.« Und sie tanzten auf dem Mehlhaufen herum.

Im selben Augenblick bewegte sich der weiße Berg, und der Kater sprang mit einem Ruck auf. Das Mehl sprühte nur so aus seinem Fell.

Er war, um seine Opfer zu täuschen, fortgegangen, hatte sich dann am Morgen heimlich im Bach gewaschen und war lautlos in die Mühle zurückgeschlichen. Dort hatte er einen Mehlsack umgerissen und sich gründlich im Mehl gewälzt.

Die alte, schlaue Ratte, die dem Frieden nicht trauen wollte, war als einzige diesem tückischen Anschlag entkommen. Sie rief dem Kater zu: »Selbst wenn ich wüsste, dass du tot bist, würde ich mich nicht in deine Nähe wagen.«

Der Rat der Mäuse

ie Mäuse in der Stadt liebten die Scheune des Bäcker-
meisters Semmelreich sehr, denn dort fanden sie Kör-
ner, Mehl und Zucker in Hülle und Fülle. Auch war
die Backstube nicht weit von der Scheune entfernt, und die
fleißigen Mäuschen hatten sich so manchen Zugang zu diesem
verlockenden Raum genagt.

Der Bäckermeister Semmelreich hingegen liebte seine kleinen, fressfröhlichen Gäste gar nicht so sehr, denn er konnte
die vielen angenagten Brote und Kuchen nicht mehr verkaufen.
Um seine anhänglichen Plagegeister loszuwerden, schaffte er
sich zwei Katzen an, welche den ungebetenen Eindringlingen
ein elendes Leben bereiteten. Mit wahrer Leidenschaft jagten
sie die kleinen Diebe. Viele von ihnen fanden den Tod, und die
meisten, die sich retten konnten, verließen schleunigst Sem-
melreichs Brotparadies.

Einige Mäuse aber wollten das unerschöpfliche Körner- und
Kuchenreich nicht kampflos aufgeben. Sie versteckten sich gut
und ersannen immer wieder neue Tricks, um an die Nahrung
heranzukommen.

Einmal hatten freche Buben die beiden Katzen eingefangen,
und die Mäuse konnten sich wieder frei bewegen. Sie erkann-
ten die günstige Gelegenheit und nutzten die Zeit. Eine Versammlung wurde veranstaltet, auf der über die beiden grimmi-
gen Jäger beraten werden sollte.

Das älteste Mäuschen stellte sich auf seine Hinterbeine und
sprach in ernstem Ton: »Die beiden Katzen vermauern uns unser sonst so süßes Leben. Lasst uns gründlich überlegen, wie
wir uns von ihnen befreien oder wenigstens die Gefahr ver-
mindern können.«

Alle Mäuse dachten angestrengt nach und zergrübelten sich ihr Mäusehirn. Sie machten vielerlei Vorschläge und verwarfen sie dann nach reiflicher Prüfung doch wieder. Lange hockten sie so beisammen.

Da sprang ein junger Mäuserich auf und trompetete mit seinem Piepsstimmchen: »Ich hab's, ich weiß, wie wir mit diesen gemeinen Leisetretern fertig werden.«

Gespannt schauten alle auf. »Es ist ganz einfach! Denkt an den Hund des Bäckermeisters, der ein Halsband mit Schellen trägt. Wir binden den beiden Katzen eine Glocke um den Hals, dann können sie uns nicht mehr überraschen, und wir hören immer, wann sie nahen und können uns rechtzeitig in Sicherheit bringen.«

Brausender Beifall brach los, und mit stürmischer Begeisterung wurde der Vorschlag angenommen. Sofort wurden zwei mutige Mäuschen in den Keller geschickt, denn man hatte dort einmal eine Schachtel entdeckt, in der der Bäckermeister Semmelreich ein altes Halsband von seinem Hund aufbewahrte. Von diesem sollten die beiden wackeren Mäuse zwei Glöckchen abnagen und herbeibringen. Ein dritter tapferer Mäuserich bot freiwillig an, aus der Backstube zwei Bänder zu besorgen.

Während die drei Helden unterwegs waren, feierten die anderen Mäuse den klugen Mäuseknirps. Sie konnten ihn nicht genug loben, und bald waren sich alle darin einig, dass es nie zuvor einen so weisen Mäuserich gegeben hatte, und dass man ihn mit hohen Ehren auszeichnen müsste.

Gerade hatte man beschlossen, ihm den großen Brezel-Orden zu verleihen, da hörte man ein Gebimmel, und die beiden Mäuse zerrten die Glocken herbei. Gleich darauf kam auch die dritte Maus zurück und zog einen langen Strick hinter sich her. »Der genügt für beide«, meinte sie und zerbiss ihn in der Mitte.

Der Rat der Mäuse

Der Mäuseälteste hatte die ganze Zeit über geschwiegen und düster vor sich hingestarrt. Er hatte in seinem Leben schon so viele böse Erfahrungen gemacht, dass er ein misstrauischer, verschlossener Tropf geworden war.

»Klug ist unser kleiner Held«, raunzte er, »das ist nicht zu bezweifeln. Er ist der weiseste von uns allen und wird uns bestimmt jetzt noch verraten, wie er diese Warnsignale den beiden großen Jägern um den Hals bindet.«

»Wieso ich?« prustete der kleine Wicht aufgebracht. »Ich hatte bereits eine Idee. Jetzt seid ihr an der Reihe. Strengt euch auch einmal an.«

Da erhob sich ein wildes Gezeter, und alle schrien durcheinander: »Ich habe ein Glöckchen besorgt!«

»Ich auch!«

»Ich habe den Strick gemopst.«

»Ich bin doch nicht lebensmüde!«

»Ich auch nicht.«

»Das ist zu gefährlich!«

»Viel zu gefährlich!«

Der kleine Prahlhans aber zog sich verlegen in seinen Schlupfwinkel zurück.

»Achtung, die Katzen!« rief auf einmal einer, und die Versammlung stob auseinander.

»Leeres Gerede«, brummte der Mäuseälteste und zog ein Mäusekind am Schwanz in sein Nest, das in der Aufregung sein Loch nicht finden konnte und einer Katze fast in die Fänge gelaufen wäre, »was nützen die klügsten Worte, wenn man sie nicht in die Tat umsetzen kann?«

Der Wolf und das Lamm

Der Starke hat immer recht. Das werden wir sogleich sehen. Ein Lamm löschte seinen Durst an einem klaren Bach. Dabei wurde es von einem hungrigen Wolf überrascht, der weiter oberhalb am Bach trank.

»Wie kannst du es wagen«, rief er wütend, »mir meinen Trank zu trüben? Für diese Frechheit musst du bestraft werden!«

»Ach, mein Herr«, antwortete das Lamm, »seien Sie bitte nicht böse. Ich trinke ja zwanzig Schritte unterhalb von Ihnen. Da kann ich Ihnen doch das Wasser gar nicht trüben.«

»Du tust es aber doch!« sagte der Wolf. »Und außerdem hast du im vergangenen Jahre schlecht von mir geredet.«

»Wie soll ich das wohl getan haben«, erwiderte das Lamm, »da war ich ja noch gar nicht geboren.«

»Wenn du es nicht warst, dann eben dein Bruder!«

»Aber ich habe doch gar keinen Bruder.«

»Dann war es eben jemand anderes aus deiner Familie. Ihr habt es überhaupt immer auf mich abgesehen, ihr, eure Hirten und eure Hunde. Dafür musst du büßen.«

Mit diesen Worten packte der Wolf das Lamm, schleppte es in den Wald und fraß es auf.

Der Wolf und das Lamm

Die Ameise und die Taube

An einem heißen Sommertag flog eine durstige Taube an einen kleinen, rieselnden Bach. Sie girrte vor Verlangen, neigte ihren Kopf und tauchte den Schnabel in das klare Wasser. Hastig saugte sie den kühlen Trunk.

Doch plötzlich hielt sie inne. Sie sah, wie eine Ameise heftig mit ihren winzigen Beinchen strampelte und sich verzweifelt bemühte, wieder an Land zu paddeln.

Die Taube überlegte nicht lange, knickte einen dicken, langen Grasstängel ab und warf ihn der Ameise zu. Flink kletterte diese auf den Halm und krabbelte über die Rettungsbrücke an Land.

Die Taube brummelte zufrieden, schlurfte noch ein wenig Wasser und sonnte sich danach auf einem dicken, dürren Ast, den der Blitz von einem mächtigen Baum abgespalten hatte und der nahe am Bach lag.

Ein junger Bursch patschte barfüßig durch die Wiesen zum Wasser. Er trug einen selbst geschnitzten Pfeil und Bogen. Als er die Taube erblickte, blitzten seine Augen auf. »Gebratene Tauben sind meine Lieblingsspeise«, lachte er und spannte siegesgewiss seinen Bogen.

Erbost über dieses unerhörte Vorhaben gegen ihren gefiederten Wohltäter kroch die Ameise behände auf seinen Fuß und zwickte ihn voller Zorn.

Der Taugenichts zuckte zusammen und schlug mit seiner Hand kräftig nach dem kleinen Quälgeist. Das klatschende Geräusch schreckte die Taube aus ihren sonnigen Träumen auf, und eilig flog sie davon. Aus Freude, dass sie ihrem Retter danken konnte, biss die Ameise noch einmal kräftig zu und kroch dann wohlgelaunt in einen Maulwurfshügel.

Die Ameise und die Taube

Bildnachweis

Seite 2, 7, 11, 13, 15, 17, 23, 25, 27, 37, 41, 43: Illustrationen aus A Hundred Fables of La Fontaine with Pictures by Percy J. Billinghurst, John Lane, London und New York, 1900.

Seite 29: Kupferstich von Pierre Quentin Chedel nach einer Zeichnung von Jean-Baptiste Oudry aus L'édition complète des fables de La Fontaine, Desaint & Saillant, Paris, 1755-1759.

Seite 33: Kupferstich von J. H. Rode nach einer Zeichnung von Jean-Baptiste Oudry aus L'édition complète des fables de La Fontaine, Desaint & Saillant, Paris, 1755-1759.

Seite 39: Holzschnitt von Antoine-Valérie Bertrand nach einer Zeichnung von Gustave Doré, aus Les Fables de Jean de La Fontaine avec les dessins de Gustave Doré, Louis Hachette Paris, 1867.